ihappy

ekologisk och egologisk

Nalle Windahl

First edition

Förlag: BoD – Books on Demand, Stockholm, Sverige
Tryck: BoD – Books on Demand, Norderstedt, Tyskland

ISBN: 978-91-7969-951-2

Ännu en bok att fylla i och utmana dig själv till utveckling. Den här gången handlar det om klimatet och dig själv.

Du kanske funderar över titeln. Ekologisk och egologisk. Vad betyder det?

Tja, ekologisk känns förhoppningsvis självklart, det handlar så klart om planeten, hur du kan leva på ett hållbart sätt med planetens och framtidens perspektiv. Trots ädelheten i det, menar jag att det saknas ett perspektiv i arbetet.

När de flesta är överens om att drastiska åtgärder måste till nu genast, helst nyss, för att bromsa eller förhindra klimatförändringarna, anser jag att det behövs en annan aspekt i hållbarhetsperspektivet, nämligen att det ska vara hållbart för just dig och mig. Alltså det egoistiska perspektivet.

Egologiskt.

Vilka förändringar är jag (du) beredd att göra, i min (din) vardag, där jag (du) känner att mina (dina) uppoffringar är värda att göra? Där jag känner att de förändringarna jag faktiskt är beredd att göra också påverkar i det stora hela, medans de förändringar jag är beredda att göra kanske inte alls skulle funka för dig! Men när vi alla, var och en, gör många små saker i vardagen, då kommer förändringarna också slå igenom i det stora perspektiven. Som en bonus tänker jag dessutom att när jag (du) väl börjat göra små förändringar, vad hindrar mig (dig) då från att kanske utforska mer och göra fler förändringar?

Hoppas att du finner mycket nöje och inspiration i att utmana dig själv i den här boken!

Enjoy!

^..^

Upplägget

Varje avsnitt i den här boken delas in i fem identiska delar där du för varje del väljer ett perspektiv att fokusera på. Perspektiven skulle kunna vara:

- Hur förändrar jag mina kostvanor för ett bättre klimat?
- Vad kan jag förändra i mina elvanor?
- Kan jag förändra mitt bettende vad gäller min vattenförbrukning?
- Vad kan jag göra för att minska mitt matsvinn?
- Hur handlar jag?
- Vad handlar jag?
- Kläder - kan jag förändra något i eller kring min garderob och klädval?
- Hemelektronik - hur och vad väljer jag att prioritera här?
- Transport - vad kan jag göra för att förbättra mitt klimatavtryck här?
- Resor - hur väljer jag att resa, var väljer jag att resa, vad är det värt för mig?
- Nytt eller begagnat? Hur kan jag tänka här?
- Mitt hem - vad kan jag förändra i eller kring mitt hem för att minska miljöpåverkan?
- Min arbetsplats eller i skolan, vad finns det här att förbättra?

Det finns inte rätt eller fel i val av perspektiv, men chansen är mycket större att du lyckas göra en förändring på ett område i ditt liv där du känner ett engagemang! Välj helt fritt! Och skulle du känna att du vid ett tillfälle har behandlat ett perspektiv, men vill återkomma till det vid ett senare tillfälle, gör det!

7

När du tittat på fem olika perspektiv kommer ett avsnitt med reflektion att göra mellan som handlar om två olika saker.

- Hur exponerar jag mig för nya tankar för utveckling, inspiration och förändring?
- Hur bibehåller jag min nuvarande inspiration?

Sen är det bara att fortsätta utmana dig med fem nya perspektiv.

Målsättningen är att du kommer fram till förändringar i ditt liv som är hållbara... framförallt för dig och att du känner att det är en förändring som kommer hålla i längden... sen så klart, att det är hållbart för planeten och framtiden också...

Ekologisk och egologisk!

Varsågod - sätt igång!

Mitt ämne:

_____

_____

_____

_____

_____

_____

_____

_____

_____

_____

_____

_____

_____

_____

Vad gör jag bra idag, som jag ska fortsätta göra?

_____

_____

_____

_____

_____

_____

_____

_____

_____

_____

_____

_____

_____

Vad gör jag idag, som jag ska sluta göra?

_____

_____

_____

_____

_____

_____

_____

_____

_____

_____

_____

_____

Vad gör jag inte idag, som jag kan börja göra?

_____

_____

_____

_____

_____

_____

_____

_____

_____

_____

_____

_____

Mitt ämne:

_____

_____

_____

_____

_____

_____

_____

_____

_____

_____

_____

_____

_____

_____

Vad gör jag bra idag, som jag ska fortsätta göra?

_____

_____

_____

_____

_____

_____

_____

_____

_____

_____

_____

_____

Vad gör jag idag, som jag ska sluta göra?

_____

_____

_____

_____

_____

_____

_____

_____

_____

_____

_____

_____

_____

Vad gör jag inte idag, som jag kan börja göra?

_____

_____

_____

_____

_____

_____

_____

_____

_____

_____

_____

_____

Mitt ämne:

_____

_____

_____

_____

_____

_____

_____

_____

_____

_____

_____

_____

_____

_____

Vad gör jag bra idag, som jag ska fortsätta göra?

_____

_____

_____

_____

_____

_____

_____

_____

_____

_____

_____

_____

_____

_____

Vad gör jag idag, som jag ska sluta göra?

_____

_____

_____

_____

_____

_____

_____

_____

_____

_____

_____

_____

_____

Vad gör jag inte idag, som jag kan börja göra?

_____

_____

_____

_____

_____

_____

_____

_____

_____

_____

_____

_____

Mitt ämne:

_____

_____

_____

_____

_____

_____

_____

_____

_____

_____

_____

_____

_____

_____

Vad gör jag bra idag, som jag ska fortsätta göra?

_____

_____

_____

_____

_____

_____

_____

_____

_____

_____

_____

_____

Vad gör jag idag, som jag ska sluta göra?

_____

_____

_____

_____

_____

_____

_____

_____

_____

_____

_____

_____

_____

Vad gör jag inte idag, som jag kan börja göra?

_____

_____

_____

_____

_____

_____

_____

_____

_____

_____

_____

_____

Mitt ämne:

_____

_____

_____

_____

_____

_____

_____

_____

_____

_____

_____

_____

_____

_____

Vad gör jag bra idag, som jag ska fortsätta göra?

_____

_____

_____

_____

_____

_____

_____

_____

_____

_____

_____

_____

Vad gör jag idag, som jag ska sluta göra?

_____

_____

_____

_____

_____

_____

_____

_____

_____

_____

_____

_____

_____

Vad gör jag inte idag, som jag kan börja göra?

_____

_____

_____

_____

_____

_____

_____

_____

_____

_____

_____

_____

Reflektion: Hur exponerar jag mig för nya tankar för utveckling, inspiration och förändring?

_____

_____

_____

_____

_____

_____

_____

_____

_____

_____

_____

_____

Reflektion: Hur bibehåller jag min nuvarande inspiration?

Mitt ämne:

_____

_____

_____

_____

_____

_____

_____

_____

_____

_____

_____

_____

_____

Vad gör jag bra idag, som jag ska fortsätta göra?

_____

_____

_____

_____

_____

_____

_____

_____

_____

_____

_____

_____

Vad gör jag idag, som jag ska sluta göra?

_____

_____

_____

_____

_____

_____

_____

_____

_____

_____

_____

_____

Vad gör jag inte idag, som jag kan börja göra?

_____

_____

_____

_____

_____

_____

_____

_____

_____

_____

_____

_____

_____

Mitt ämne:

_____

_____

_____

_____

_____

_____

_____

_____

_____

_____

_____

_____

_____

_____

Vad gör jag bra idag, som jag ska fortsätta göra?

_____

_____

_____

_____

_____

_____

_____

_____

_____

_____

_____

_____

Vad gör jag idag, som jag ska sluta göra?

_____

_____

_____

_____

_____

_____

_____

_____

_____

_____

_____

_____

_____

Vad gör jag inte idag, som jag kan börja göra?

_____

_____

_____

_____

_____

_____

_____

_____

_____

_____

_____

Mitt ämne:

_____

_____

_____

_____

_____

_____

_____

_____

_____

_____

_____

_____

_____

Vad gör jag bra idag, som jag ska fortsätta göra?

_____

_____

_____

_____

_____

_____

_____

_____

_____

_____

_____

_____

Vad gör jag idag, som jag ska sluta göra?

_____

_____

_____

_____

_____

_____

_____

_____

_____

_____

_____

_____

_____

Vad gör jag inte idag, som jag kan börja göra?

_____

_____

_____

_____

_____

_____

_____

_____

_____

_____

_____

_____

Mitt ämne:

_____

_____

_____

_____

_____

_____

_____

_____

_____

_____

_____

_____

_____

_____

Vad gör jag bra idag, som jag ska fortsätta göra?

_____

_____

_____

_____

_____

_____

_____

_____

_____

_____

_____

_____

_____

Vad gör jag idag, som jag ska sluta göra?

_____

_____

_____

_____

_____

_____

_____

_____

_____

_____

_____

_____

Vad gör jag inte idag, som jag kan börja göra?

_____

_____

_____

_____

_____

_____

_____

_____

_____

_____

_____

_____

_____

Mitt ämne:

_____

_____

_____

_____

_____

_____

_____

_____

_____

_____

_____

_____

_____

_____

Vad gör jag bra idag, som jag ska fortsätta göra?

_____

_____

_____

_____

_____

_____

_____

_____

_____

_____

_____

_____

_____

Vad gör jag idag, som jag ska sluta göra?

_____

_____

_____

_____

_____

_____

_____

_____

_____

_____

_____

_____

Vad gör jag inte idag, som jag kan börja göra?

_____

_____

_____

_____

_____

_____

_____

_____

_____

_____

_____

_____

_____

Reflektion: Hur exponerar jag mig för nya tankar för utveckling, inspiration och förändring?

_____

_____

_____

_____

_____

_____

_____

_____

_____

_____

_____

_____

Reflektion: Hur bibehåller jag min nuvarande inspiration?

_____

_____

_____

_____

_____

_____

_____

_____

_____

_____

_____

_____

_____

Mitt ämne:

Vad gör jag bra idag, som jag ska fortsätta göra?

_____

_____

_____

_____

_____

_____

_____

_____

_____

_____

_____

_____

_____

Vad gör jag idag, som jag ska sluta göra?

_____

_____

_____

_____

_____

_____

_____

_____

_____

_____

_____

_____

_____

Vad gör jag inte idag, som jag kan börja göra?

_____

_____

_____

_____

_____

_____

_____

_____

_____

_____

_____

_____

_____

Mitt ämne:

_____

_____

_____

_____

_____

_____

_____

_____

_____

_____

_____

_____

_____

_____

_____

Vad gör jag bra idag, som jag ska fortsätta göra?

_____

_____

_____

_____

_____

_____

_____

_____

_____

_____

_____

_____

_____

Vad gör jag idag, som jag ska sluta göra?

_____

_____

_____

_____

_____

_____

_____

_____

_____

_____

_____

_____

Vad gör jag inte idag, som jag kan börja göra?

_____

_____

_____

_____

_____

_____

_____

_____

_____

_____

_____

_____

Mitt ämne:

_____

_____

_____

_____

_____

_____

_____

_____

_____

_____

_____

_____

_____

_____

_____

Vad gör jag bra idag, som jag ska fortsätta göra?

_____

_____

_____

_____

_____

_____

_____

_____

_____

_____

_____

_____

_____

Vad gör jag idag, som jag ska sluta göra?

_____

_____

_____

_____

_____

_____

_____

_____

_____

_____

_____

_____

_____

_____

Vad gör jag inte idag, som jag kan börja göra?

_____

_____

_____

_____

_____

_____

_____

_____

_____

_____

_____

_____

_____

_____

Mitt ämne:

_____

_____

_____

_____

_____

_____

_____

_____

_____

_____

_____

_____

_____

_____

Vad gör jag bra idag, som jag ska fortsätta göra?

_____

_____

_____

_____

_____

_____

_____

_____

_____

_____

_____

_____

Vad gör jag idag, som jag ska sluta göra?

_____

_____

_____

_____

_____

_____

_____

_____

_____

_____

_____

_____

Vad gör jag inte idag, som jag kan börja göra?

_____

_____

_____

_____

_____

_____

_____

_____

_____

_____

_____

_____

Mitt ämne:

_____

_____

_____

_____

_____

_____

_____

_____

_____

_____

_____

_____

_____

_____

Vad gör jag bra idag, som jag ska fortsätta göra?

_____

_____

_____

_____

_____

_____

_____

_____

_____

_____

_____

_____

Vad gör jag idag, som jag ska sluta göra?

_____

_____

_____

_____

_____

_____

_____

_____

_____

_____

_____

_____

_____

Vad gör jag inte idag, som jag kan börja göra?

_____

_____

_____

_____

_____

_____

_____

_____

_____

_____

_____

_____

_____

Reflektion: Hur exponerar jag mig för nya tankar för utveckling, inspiration och förändring?

_____

_____

_____

_____

_____

_____

_____

_____

_____

_____

_____

_____

Reflektion: Hur bibehåller jag min nuvarande inspiration?

Mitt ämne:

_____

_____

_____

_____

_____

_____

_____

_____

_____

_____

_____

_____

_____

_____

Vad gör jag bra idag, som jag ska fortsätta göra?

_____

_____

_____

_____

_____

_____

_____

_____

_____

_____

_____

_____

_____

Vad gör jag idag, som jag ska sluta göra?

Vad gör jag inte idag, som jag kan börja göra?

_____

_____

_____

_____

_____

_____

_____

_____

_____

_____

_____

_____

Mitt ämne:

_____

_____

_____

_____

_____

_____

_____

_____

_____

_____

_____

_____

_____

_____

Vad gör jag bra idag, som jag ska fortsätta göra?

_____

_____

_____

_____

_____

_____

_____

_____

_____

_____

_____

_____

Vad gör jag idag, som jag ska sluta göra?

_____

_____

_____

_____

_____

_____

_____

_____

_____

_____

_____

_____

Vad gör jag inte idag, som jag kan börja göra?

_____

_____

_____

_____

_____

_____

_____

_____

_____

_____

_____

_____

_____

Mitt ämne:

_____

_____

_____

_____

_____

_____

_____

_____

_____

_____

_____

_____

_____

_____

Vad gör jag bra idag, som jag ska fortsätta göra?

_____

_____

_____

_____

_____

_____

_____

_____

_____

_____

_____

_____

_____

Vad gör jag idag, som jag ska sluta göra?

_____

_____

_____

_____

_____

_____

_____

_____

_____

_____

_____

Vad gör jag inte idag, som jag kan börja göra?

_____

_____

_____

_____

_____

_____

_____

_____

_____

_____

_____

_____

Mitt ämne:

_____

_____

_____

_____

_____

_____

_____

_____

_____

_____

_____

_____

_____

Vad gör jag bra idag, som jag ska fortsätta göra?

_____

_____

_____

_____

_____

_____

_____

_____

_____

_____

_____

_____

Vad gör jag idag, som jag ska sluta göra?

_____

_____

_____

_____

_____

_____

_____

_____

_____

_____

_____

_____

Vad gör jag inte idag, som jag kan börja göra?

_____

_____

_____

_____

_____

_____

_____

_____

_____

_____

_____

_____

Mitt ämne:

_____

_____

_____

_____

_____

_____

_____

_____

_____

_____

_____

_____

_____

_____

_____

Vad gör jag bra idag, som jag ska fortsätta göra?

_____

_____

_____

_____

_____

_____

_____

_____

_____

_____

_____

_____

Vad gör jag idag, som jag ska sluta göra?

_____

_____

_____

_____

_____

_____

_____

_____

_____

_____

_____

_____

Vad gör jag inte idag, som jag kan börja göra?

_____

_____

_____

_____

_____

_____

_____

_____

_____

_____

_____

_____

Reflektion: Hur exponerar jag mig för nya tankar för utveckling, inspiration och förändring?

_____

_____

_____

_____

_____

_____

_____

_____

_____

_____

_____

_____

Reflektion: Hur bibehåller jag min nuvarande inspiration?

Mitt ämne:

Vad gör jag bra idag, som jag ska fortsätta göra?

_____

_____

_____

_____

_____

_____

_____

_____

_____

_____

_____

_____

Vad gör jag idag, som jag ska sluta göra?

Vad gör jag inte idag, som jag kan börja göra?

_____

_____

_____

_____

_____

_____

_____

_____

_____

_____

_____

_____

Mitt ämne:

Vad gör jag bra idag, som jag ska fortsätta göra?

_____

_____

_____

_____

_____

_____

_____

_____

_____

_____

_____

_____

_____

Vad gör jag idag, som jag ska sluta göra?

_____

_____

_____

_____

_____

_____

_____

_____

_____

_____

_____

_____

Vad gör jag inte idag, som jag kan börja göra?

_____

_____

_____

_____

_____

_____

_____

_____

_____

_____

_____

_____

_____

Mitt ämne:

_____

_____

_____

_____

_____

_____

_____

_____

_____

_____

_____

_____

_____

_____

Vad gör jag bra idag, som jag ska fortsätta göra?

_____

_____

_____

_____

_____

_____

_____

_____

_____

_____

_____

_____

_____

Vad gör jag idag, som jag ska sluta göra?

_____

_____

_____

_____

_____

_____

_____

_____

_____

_____

_____

_____

_____

Vad gör jag inte idag, som jag kan börja göra?

_____

_____

_____

_____

_____

_____

_____

_____

_____

_____

_____

_____

Mitt ämne:

_____

_____

_____

_____

_____

_____

_____

_____

_____

_____

_____

_____

_____

_____

Vad gör jag bra idag, som jag ska fortsätta göra?

_____

_____

_____

_____

_____

_____

_____

_____

_____

_____

_____

_____

Vad gör jag idag, som jag ska sluta göra?

_____

_____

_____

_____

_____

_____

_____

_____

_____

_____

_____

_____

_____

Vad gör jag inte idag, som jag kan börja göra?

_____

_____

_____

_____

_____

_____

_____

_____

_____

_____

_____

_____

_____

Mitt ämne:

_____

_____

_____

_____

_____

_____

_____

_____

_____

_____

_____

_____

_____

_____

Vad gör jag bra idag, som jag ska fortsätta göra?

_____

_____

_____

_____

_____

_____

_____

_____

_____

_____

_____

Vad gör jag idag, som jag ska sluta göra?

_____

_____

_____

_____

_____

_____

_____

_____

_____

_____

_____

_____

Vad gör jag inte idag, som jag kan börja göra?

Reflektion: Hur exponerar jag mig för nya tankar för utveckling, inspiration och förändring?

_____

_____

_____

_____

_____

_____

_____

_____

_____

_____

_____

_____

Reflektion: Hur bibehåller jag min nuvarande inspiration?

_____

_____

_____

_____

_____

_____

_____

_____

_____

_____

_____

_____

_____

Mitt ämne:

_____

_____

_____

_____

_____

_____

_____

_____

_____

_____

_____

_____

_____

_____

Vad gör jag bra idag, som jag ska fortsätta göra?

_____

_____

_____

_____

_____

_____

_____

_____

_____

_____

_____

_____

_____

Vad gör jag idag, som jag ska sluta göra?

_____

_____

_____

_____

_____

_____

_____

_____

_____

_____

_____

_____

Vad gör jag inte idag, som jag kan börja göra?

_____

_____

_____

_____

_____

_____

_____

_____

_____

_____

_____

_____

_____

Mitt ämne:

_____

_____

_____

_____

_____

_____

_____

_____

_____

_____

_____

_____

_____

_____

Vad gör jag bra idag, som jag ska fortsätta göra?

Vad gör jag idag, som jag ska sluta göra?

_____

_____

_____

_____

_____

_____

_____

_____

_____

_____

_____

_____

Vad gör jag inte idag, som jag kan börja göra?

_____

_____

_____

_____

_____

_____

_____

_____

_____

_____

_____

_____

_____

Mitt ämne:

_____

_____

_____

_____

_____

_____

_____

_____

_____

_____

_____

_____

_____

_____

Vad gör jag bra idag, som jag ska fortsätta göra?

_____

_____

_____

_____

_____

_____

_____

_____

_____

_____

_____

_____

Vad gör jag idag, som jag ska sluta göra?

_____

_____

_____

_____

_____

_____

_____

_____

_____

_____

_____

_____

Vad gör jag inte idag, som jag kan börja göra?

_____

_____

_____

_____

_____

_____

_____

_____

_____

_____

_____

_____

_____

Mitt ämne:

_____

_____

_____

_____

_____

_____

_____

_____

_____

_____

_____

_____

_____

_____

Vad gör jag bra idag, som jag ska fortsätta göra?

_____

_____

_____

_____

_____

_____

_____

_____

_____

_____

_____

_____

Vad gör jag idag, som jag ska sluta göra?

_____

_____

_____

_____

_____

_____

_____

_____

_____

_____

_____

_____

_____

Vad gör jag inte idag, som jag kan börja göra?

_____

_____

_____

_____

_____

_____

_____

_____

_____

_____

_____

_____

_____

_____

Mitt ämne:

_____

_____

_____

_____

_____

_____

_____

_____

_____

_____

_____

_____

_____

Vad gör jag bra idag, som jag ska fortsätta göra?

_____

_____

_____

_____

_____

_____

_____

_____

_____

_____

_____

Vad gör jag idag, som jag ska sluta göra?

_____

_____

_____

_____

_____

_____

_____

_____

_____

_____

_____

_____

_____

Vad gör jag inte idag, som jag kan börja göra?

_____

_____

_____

_____

_____

_____

_____

_____

_____

_____

_____

_____

_____

Reflektion: Hur exponerar jag mig för nya tankar för utveckling, inspiration och förändring?

_____

_____

_____

_____

_____

_____

_____

_____

_____

_____

_____

_____

Reflektion: Hur bibehåller jag min nuvarande inspiration?

_____

_____

_____

_____

_____

_____

_____

_____

_____

_____

_____

_____

_____

Mitt ämne:

_____

_____

_____

_____

_____

_____

_____

_____

_____

_____

_____

_____

_____

Vad gör jag bra idag, som jag ska fortsätta göra?

_____

_____

_____

_____

_____

_____

_____

_____

_____

_____

_____

_____

_____

Vad gör jag idag, som jag ska sluta göra?

Vad gör jag inte idag, som jag kan börja göra?

_____

_____

_____

_____

_____

_____

_____

_____

_____

_____

_____

_____

_____

Mitt ämne:

_____

_____

_____

_____

_____

_____

_____

_____

_____

_____

_____

_____

_____

Vad gör jag bra idag, som jag ska fortsätta göra?

Vad gör jag idag, som jag ska sluta göra?

Vad gör jag inte idag, som jag kan börja göra?

_____

_____

_____

_____

_____

_____

_____

_____

_____

_____

_____

_____

_____

Mitt ämne:

_____

_____

_____

_____

_____

_____

_____

_____

_____

_____

_____

_____

_____

_____

Vad gör jag bra idag, som jag ska fortsätta göra?

_____

_____

_____

_____

_____

_____

_____

_____

_____

_____

_____

_____

_____

Vad gör jag idag, som jag ska sluta göra?

_____

_____

_____

_____

_____

_____

_____

_____

_____

_____

_____

_____

_____

Vad gör jag inte idag, som jag kan börja göra?

_____

_____

_____

_____

_____

_____

_____

_____

_____

_____

_____

_____

Mitt ämne:

_____

_____

_____

_____

_____

_____

_____

_____

_____

_____

_____

_____

_____

_____

Vad gör jag bra idag, som jag ska fortsätta göra?

Vad gör jag idag, som jag ska sluta göra?

_____

_____

_____

_____

_____

_____

_____

_____

_____

_____

_____

_____

_____

_____

Vad gör jag inte idag, som jag kan börja göra?

_____

_____

_____

_____

_____

_____

_____

_____

_____

_____

_____

_____

_____

Mitt ämne:

_____

_____

_____

_____

_____

_____

_____

_____

_____

_____

_____

_____

_____

Vad gör jag bra idag, som jag ska fortsätta göra?

_____

_____

_____

_____

_____

_____

_____

_____

_____

_____

_____

_____

_____

Vad gör jag idag, som jag ska sluta göra?

_____

_____

_____

_____

_____

_____

_____

_____

_____

_____

_____

_____

_____

Vad gör jag inte idag, som jag kan börja göra?

_____

_____

_____

_____

_____

_____

_____

_____

_____

_____

_____

_____

_____

Reflektion: Hur exponerar jag mig för nya tankar för utveckling, inspiration och förändring?

Reflektion: Hur bibehåller jag min nuvarande inspiration?

_____

_____

_____

_____

_____

_____

_____

_____

_____

_____

_____

_____

_____

Mitt ämne:

Vad gör jag bra idag, som jag ska fortsätta göra?

_____

_____

_____

_____

_____

_____

_____

_____

_____

_____

_____

_____

Vad gör jag idag, som jag ska sluta göra?

_____

_____

_____

_____

_____

_____

_____

_____

_____

_____

_____

_____

Vad gör jag inte idag, som jag kan börja göra?

_____

_____

_____

_____

_____

_____

_____

_____

_____

_____

_____

Mitt ämne:

_____

_____

_____

_____

_____

_____

_____

_____

_____

_____

_____

_____

_____

_____

Vad gör jag bra idag, som jag ska fortsätta göra?

_____

_____

_____

_____

_____

_____

_____

_____

_____

_____

_____

_____

Vad gör jag idag, som jag ska sluta göra?

_____

_____

_____

_____

_____

_____

_____

_____

_____

_____

_____

_____

_____

Vad gör jag inte idag, som jag kan börja göra?

_____

_____

_____

_____

_____

_____

_____

_____

_____

_____

_____

_____

_____

Mitt ämne:

_____

_____

_____

_____

_____

_____

_____

_____

_____

_____

_____

_____

_____

_____

Vad gör jag bra idag, som jag ska fortsätta göra?

_____

_____

_____

_____

_____

_____

_____

_____

_____

_____

_____

_____

Vad gör jag idag, som jag ska sluta göra?

_____

_____

_____

_____

_____

_____

_____

_____

_____

_____

_____

_____

Vad gör jag inte idag, som jag kan börja göra?

_____

_____

_____

_____

_____

_____

_____

_____

_____

_____

_____

_____

Mitt ämne:

_____

_____

_____

_____

_____

_____

_____

_____

_____

_____

_____

_____

_____

_____

_____

Vad gör jag bra idag, som jag ska fortsätta göra?

_____

_____

_____

_____

_____

_____

_____

_____

_____

_____

_____

_____

_____

Vad gör jag idag, som jag ska sluta göra?

_____

_____

_____

_____

_____

_____

_____

_____

_____

_____

_____

_____

Vad gör jag inte idag, som jag kan börja göra?

_____

_____

_____

_____

_____

_____

_____

_____

_____

_____

_____

_____

Mitt ämne:

_____

_____

_____

_____

_____

_____

_____

_____

_____

_____

_____

_____

_____

_____

Vad gör jag bra idag, som jag ska fortsätta göra?

_____

_____

_____

_____

_____

_____

_____

_____

_____

_____

_____

_____

Vad gör jag idag, som jag ska sluta göra?

_____

_____

_____

_____

_____

_____

_____

_____

_____

_____

_____

_____

Vad gör jag inte idag, som jag kan börja göra?

_____

_____

_____

_____

_____

_____

_____

_____

_____

_____

_____

_____

_____

Reflektion: Hur exponerar jag mig för nya tankar för utveckling, inspiration och förändring?

_____

_____

_____

_____

_____

_____

_____

_____

_____

_____

_____

_____

Reflektion: Hur bibehåller jag min nuvarande inspiration?

_____

_____

_____

_____

_____

_____

_____

_____

_____

_____

_____

_____

_____

Mitt ämne:

_____

_____

_____

_____

_____

_____

_____

_____

_____

_____

_____

_____

_____

Vad gör jag bra idag, som jag ska fortsätta göra?

_____

_____

_____

_____

_____

_____

_____

_____

_____

_____

_____

_____

_____

Vad gör jag idag, som jag ska sluta göra?

_____

_____

_____

_____

_____

_____

_____

_____

_____

_____

_____

_____

_____

Vad gör jag inte idag, som jag kan börja göra?

_____

_____

_____

_____

_____

_____

_____

_____

_____

_____

_____

_____

_____

Mitt ämne:

_____

_____

_____

_____

_____

_____

_____

_____

_____

_____

_____

_____

_____

Vad gör jag bra idag, som jag ska fortsätta göra?

_____

_____

_____

_____

_____

_____

_____

_____

_____

_____

_____

_____

_____

Vad gör jag idag, som jag ska sluta göra?

_____

_____

_____

_____

_____

_____

_____

_____

_____

_____

_____

_____

_____

Vad gör jag inte idag, som jag kan börja göra?

_____

_____

_____

_____

_____

_____

_____

_____

_____

_____

_____

_____

Mitt ämne:

_____

_____

_____

_____

_____

_____

_____

_____

_____

_____

_____

_____

_____

_____

Vad gör jag bra idag, som jag ska fortsätta göra?

_____

_____

_____

_____

_____

_____

_____

_____

_____

_____

_____

_____

_____

Vad gör jag idag, som jag ska sluta göra?

_____

_____

_____

_____

_____

_____

_____

_____

_____

_____

_____

_____

Vad gör jag inte idag, som jag kan börja göra?

_____

_____

_____

_____

_____

_____

_____

_____

_____

_____

_____

_____

Mitt ämne:

Vad gör jag bra idag, som jag ska fortsätta göra?

_____

_____

_____

_____

_____

_____

_____

_____

_____

_____

_____

_____

Vad gör jag idag, som jag ska sluta göra?

_____

_____

_____

_____

_____

_____

_____

_____

_____

_____

_____

_____

_____

Vad gör jag inte idag, som jag kan börja göra?

Mitt ämne:

Vad gör jag bra idag, som jag ska fortsätta göra?

_____

_____

_____

_____

_____

_____

_____

_____

_____

_____

_____

_____

Vad gör jag idag, som jag ska sluta göra?

Vad gör jag inte idag, som jag kan börja göra?

_____

_____

_____

_____

_____

_____

_____

_____

_____

_____

_____

_____

_____

_____

Reflektion: Hur exponerar jag mig för nya tankar för utveckling, inspiration och förändring?

_____

_____

_____

_____

_____

_____

_____

_____

_____

_____

_____

_____

Reflektion: Hur bibehåller jag min nuvarande inspiration?

_____

_____

_____

_____

_____

_____

_____

_____

_____

_____

_____

_____

_____

_____

Mitt ämne:

Vad gör jag bra idag, som jag ska fortsätta göra?

_____

_____

_____

_____

_____

_____

_____

_____

_____

_____

_____

_____

Vad gör jag idag, som jag ska sluta göra?

_____

_____

_____

_____

_____

_____

_____

_____

_____

_____

_____

_____

_____

Vad gör jag inte idag, som jag kan börja göra?

_____

_____

_____

_____

_____

_____

_____

_____

_____

_____

_____

_____

Mitt ämne:

_____

_____

_____

_____

_____

_____

_____

_____

_____

_____

_____

_____

_____

_____

Vad gör jag bra idag, som jag ska fortsätta göra?

_____

_____

_____

_____

_____

_____

_____

_____

_____

_____

_____

_____

_____

_____

Vad gör jag idag, som jag ska sluta göra?

_____

_____

_____

_____

_____

_____

_____

_____

_____

_____

_____

_____

_____

Vad gör jag inte idag, som jag kan börja göra?

_____

_____

_____

_____

_____

_____

_____

_____

_____

_____

_____

_____

Mitt ämne:

_____

_____

_____

_____

_____

_____

_____

_____

_____

_____

_____

_____

_____

_____

Vad gör jag bra idag, som jag ska fortsätta göra?

_____

_____

_____

_____

_____

_____

_____

_____

_____

_____

_____

_____

Vad gör jag idag, som jag ska sluta göra?

_____

_____

_____

_____

_____

_____

_____

_____

_____

_____

_____

_____

_____

Vad gör jag inte idag, som jag kan börja göra?

_____

_____

_____

_____

_____

_____

_____

_____

_____

_____

_____

Mitt ämne:

Vad gör jag bra idag, som jag ska fortsätta göra?

_____

_____

_____

_____

_____

_____

_____

_____

_____

_____

_____

_____

_____

Vad gör jag idag, som jag ska sluta göra?

_____

_____

_____

_____

_____

_____

_____

_____

_____

_____

_____

_____

_____

_____

Vad gör jag inte idag, som jag kan börja göra?

_____

_____

_____

_____

_____

_____

_____

_____

_____

_____

_____

_____

Mitt ämne:

_____

_____

_____

_____

_____

_____

_____

_____

_____

_____

_____

_____

_____

Vad gör jag bra idag, som jag ska fortsätta göra?

_____

_____

_____

_____

_____

_____

_____

_____

_____

_____

_____

_____

_____

_____

Vad gör jag idag, som jag ska sluta göra?

_____

_____

_____

_____

_____

_____

_____

_____

_____

_____

_____

_____

Vad gör jag inte idag, som jag kan börja göra?

_____

_____

_____

_____

_____

_____

_____

_____

_____

_____

_____

_____

Reflektion: Hur exponerar jag mig för nya tankar för utveckling, inspiration och förändring?

Reflektion: Hur bibehåller jag min nuvarande inspiration?

Riktigt bra jobbat! Nu har du tagit dig igenom 50 olika tankar om hur du kan förändra dig själv och ditt beteende i vardagen.

Tänk om vi alla, var och en, förändrar 50 saker var, där varje sak gör världen bättre.

Stort tack för just dina bidrag och din insats!

Klappa dig själv på axeln och känn dig stolt över det du har gjort!

Bonusuppdrag

Vem kan du inspirera att också göra förändringar i sin vardag?

_____

När ska du inspirera denna fantastiska människa att göra förändringarna?

_____

Hur ska du inspirera denna fantastiska människa att göra förändringarna?

_____